RÉGLEMENT

DE

MM. LES HUISSIERS

AUDIENCIERS

PRÈS

LE TRIBUNAL CIVIL DE LYON

LYON

IMPRIMERIE MOUGIN-RUSAND

3, rue Stella, 3,

1878

RÉGLEMENT

MM. LES HUISSIERS

AUDIENCIERS

PRÈS

LE TRIBUNAL CIVIL DE LYON

LYON

IMPRIMERIE MOUGIN-RUSAND

3, rue Stella, 3.

—

1878

RÉGLEMENT

DE

MM. LES HUISSIERS AUDIENCIERS

Près le Tribunal civil de Lyon.

Aujourd'hui premier septembre 1878, les Huissiers soussignés se sont réunis et ont adopté à l'unanimité les résolutions suivantes :

ARTICLE PREMIER

La Communauté des Huissiers audienciers sera désormais présidée par un de ses membres auquel sera adjoint un autre membre qui prendra le titre de Secrétaire-Trésorier.

ART. 2.

Aucune mesure ou délibération intéressant les Huissiers audienciers ne sera prise qu'en assemblée

qui pourra être provoquée par l'un des membres
après avoir consulté le Président; les délibérations
seront prises à la majorité des voix ; en cas de par-
tage, celle du Président sera prépondérante.

ART. 3.

Il est alloué à l'employé qui sera désigné spécia-
lement sous le nom de commis des notifications,
une somme de douze cents francs par an.

ART. 4.

Le commis des notifications aura pour mission
de faire exactement le service des notifications, de
tenir avec soin et régularité le répertoire de chacun
des Huissiers audienciers sans pouvoir répéter
contre eux les amendes qui pourraient résulter de
la mauvaise tenue de ces répertoires. Il sera chargé
de dresser les mémoires ou états de justice en
matière criminelle ou correctionnelle ; il devra à
cet effet inscrire chaque jour les actes signifiés, les
porter au parquet pour qu'ils puissent être contrôlés
et transcrits sur le registre à ce destiné, les retirer
assez à temps pour les classer dans les dossiers
d'audience ; en un mot, pour assurer la régularité
du service et éviter tous reproches.

Il devra ouvrir le bureau tous les jours non fériés
à onze heures précises du matin pour ne le fermer
qu'à trois heures du soir à l'exception des mois de

septembre et octobre pendant lesquels le bureau sera ouvert seulement à midi et fermé à une heure.

Il devra se conformer strictement pour la tenue de son registre des notifications aux obligations suivantes qui sont de rigueur :

1° L'inscription devra être faite jour par jour des notifications signées par l'Huissier de service.

2° Les notifications simples, celles à heures et les qualités devront être indiquées et totalisées séparément.

3° Il aura pour l'enregistrement deux carnets pour chacun de MM. les Receveurs, et les notifications comme les sommes versées y seront inscrites jour par jour.

Art. 5.

Les Huissiers nommés audienciers, devront consigner entre les mains du commis des notifications, une somme de vingt francs chacun à titre d'avance pour faire face aux droits d'enregistrement. Cette somme ne sera retirée qu'à le cessation des fonctions d'audiencier.

Art. 6.

L'emploi des sommes en caisse sera déterminé chaque année par un vote général et à la majorité des voix.

ART. 7.

Tout Huissier qui cessera de remplir les fonctions d'audiencier n'aura droit à aucune part sur les fonds existants en caisse qui sont acquis au bureau.

ART. 8.

Les retenues sur le produit des notifications sont portées, à compter du 1er novembre prochain, à 23 0/0 chiffre nécessaire afin de pourvoir aux frais généraux du bureau, du palais et du service des gendarmes.

ART. 9.

Il est formellement interdit à tout Huissier audiencier, d'ouvrir un bureau spécial pour la réception des affaires de partie civile en matière correctionnelle.

ART. 10.

Le service des cérémonies pour accompagner ou assister le Tribunal à toutes réquisitions sera fait obligatoirement par les Huissiers attachés à la 1re et à la 2ᵉ chambre, il sera loisible aux autres Huissiers de se joindre à eux.

ART. 11.

Tout Huissier empêché ou malade devra prévenir le Président du bureau qui désignera à tour de rôle les Huissiers faisant le service des notifications ; ceux-ci seront tenus de faire le service comme si c'était le leur.

ART. 12.

Tout Huissier qui signera pour son collègue de service des notifications quelconques, devra l'en prévenir par une note mise sous son nom dans la boite du bureau.

ART. 13.

Une somme de cinq cents francs par an est allouée à la gendarmerie pour l'indemniser du concours qu'elle prête aux Huissiers audienciers pour le transfert des détenus des prisons au palais de justice, devant le juge d'instruction et le tribunal.

Cette somme sera payée par semestre, les 30 juin et 31 décembre de chaque année entre les mains du capitaine trésorier de la gendarmerie par l'Huissier audiencier trésorier du bureau.

Art. 14.

Les Huissiers nommés audienciers et ceux attachés au parquet de la Cour et du Tribunal, ou qui leur succéderont dans ce service y contribueront dans la proportion suivante, savoir :

1° Les audienciers près le Tribunal civil pour une somme de trois cent cinquante francs ci. 350

2° Ceux attachés au parquet du Tribunal pour une somme de cent francs ci........... 100

3° Celui attaché au parquet de la Cour pour une somme de cinquante francs ci...... 50

Total...... 500

Art. 15.

Les Huissiers attachés au parquet du Tribunal et au parquet de la Cour, se libèreront de la somme qu'ils prennent l'engagement de payer en deux termes égaux, les 30 juin et 31 décembre de chaque année sur le récépissé qui leur sera délivré par l'Huissier audiencier trésorier.

Art. 16.

La réunion générale pour le compte rendu de la gestion de l'année est fixée à la fin de l'année ju-

diciaire, c'est-à-dire dans la première quinzaine du
mois de septembre.

Art. 17.

Les fonctions du Président et du Secrétaire ces-
seront à l'expiration de chaque année, mais ils
pourront être réélus à la majorité des voix.

Art. 18.

Le présent réglement sera obligatoire et exécuté
loyalement par tous les Huissiers soussignés ou
ceux qui dans l'avenir seraient désignés pour les
remplacer ; à cet effet, un exemplaire sera remis à
chacun d'eux lors de leur réception comme audiencier.

Art. 19.

Conformément à l'art. 1er, il a été procédé à l'élec-
tion du Président et du Secrétaire-Trésorier pour
l'année 1878-1879.

Ont été nommés :

Président : M. Sarra-Gallet.
Secrétaire-Trésorier : M. Durand.

Vu et approuvé le présent réglement :

Le Secrétaire :   *Le Président :*

Durand.   Sarra-Gallet.

MM. Mariller, Werney, Montanet, Bruchon, Gagneux, Cottet, Delas, Mousnier, Huissiers audienciers.

M. Odet, Huissier, attaché au Parquet de la Cour.

M. Buénerd, Huissier, attaché au Parquet du Tribunal.

Lyon. — Impr. P. Mougin-Rusand, rue Stella, 3.